D1872899

Käthe Schnierle
Ruth Dürr

Figuren aus Maisblättern

TOPP

Verlag Frech Stuttgart-Botnang

ISBN 3-7724-0194-5

© 1973
2. Auflage 1975

Verlag und Druckerei M. Frech
7000 Stuttgart-Botnang

Die gewerbliche Nutzung der in diesem Buch gezeigten Modelle
ist nur mit Genehmigung der Verfasserin gestattet.

Druck: Frech, Stuttgart-Botnang

In Mais gebettet wird am Feste des jungen Maises Gott Xochipilli mit Vogelmaske in feierlichem Aufzug umhergetragen.

Wer Spaß daran hat, aus den weichen, schmiegsamen Lieschen des Maises originelle Figuren zu gestalten, wird sicher auch daran interessiert sein, nebenbei etwas über Geschichte und Bedeutung dieser wichtigen Kulturpflanze zu erfahren.

Die Gelehrten sind sich fast einig, daß Mexico das Ursprungsland ist. Alle geschichtlichen, archäologischen und sprachwissenschaftlichen Angaben sprechen dafür. Aber auch für die anderen altamerikanischen Kulturen hatte Mais eine überragende Bedeutung.

Über Jahrtausende hinweg läßt sich durch Ausgrabungen die Geschichte der Maiskolben verfolgen: So wurde erst 1954 von einem Maiskolbenfund in der Höhle von La Perra in Mexico berichtet. Mit Hilfe wissenschaftlicher Altersforschung wurde festgestellt, daß diese Maiskolben 4450 Jahre alt waren.

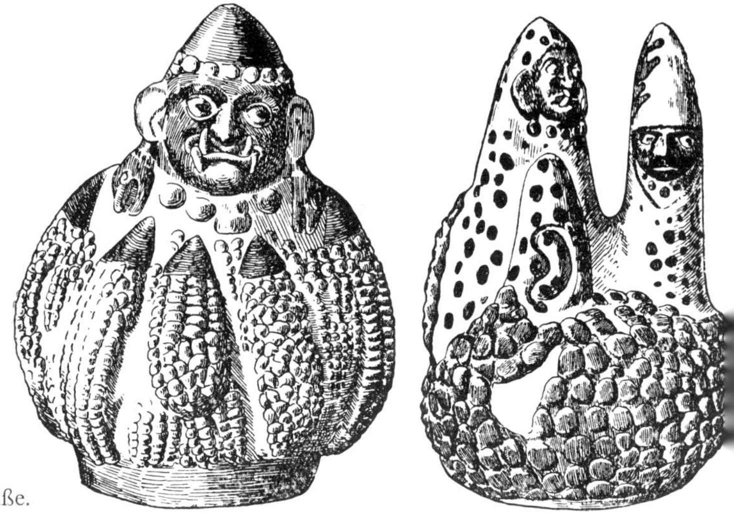

Altperuanische Maisdämonen als Tongefäße.

Viele Legenden ranken sich um die Herkunft dieser Pflanze, denn Mais konnte nicht in der freien Natur existieren, d. h. wild wachsen – die Körner sitzen fest im Kolben, außerdem sind sie noch von den Lieschblättern umhüllt, so daß keine spontane Vermehrung durch Ausfallen der Körner möglich ist. Die alten Kulturen müssen also den Mais bereits vorgefunden haben.

Für die Mayas war der Mais ein Geschenk der Götter, von denen sie auch den Anbau lernten. Die Mayas glaubten, daß die Götter zuerst den Mais wachsen ließen, bevor die Menschen erschaffen wurden. Kein Wunder, daß man Maiskörner für Prophezeiungen verwendete und den Toten als Wegzehrung mitgab.

Die Ureinwohner trieben einen äußerst primitiven Ackerbau. Sie bauten Mais auf frisch gerodetem Gelände an, auf dem sie zuvor das gefällte Holz verbrannt hatten. Man nimmt an, daß die Folgen dieser Bodenverwüstung die Mayas zu der uns heute unerklärlichen Auswanderung und zur Gründung eines neuen Reiches veranlaßte.

Es ist nicht genau bekannt, wann Mais in die Alte Welt kam. Manche Forscher nehmen an, daß die Wikinger, die im Jahre 1002 in Nordamerika landeten, dort bereits Mais gesehen haben.
Aber den ersten authentischen Bericht verdanken wir Kolumbus. Am 5. November 1492 sah er Mais in Kuba. In seinem Bericht steht: „Ich sah die Körner ‚mahiz'". Bei seiner ersten Weihnachtsfeier in der Neuen Welt gab es Brot aus Mais, über das er und seine Begleiter mit großer Begeisterung berichteten.

Die rasche Verbreitung in Europa ist beispiellos in der Geschichte der Kulturpflanzen. Im 16. Jahrhundert war Mais in den Gärten Spaniens, Portugals, Frankreichs, Deutschlands, Italiens und Englands zu sehen, aber erst im Laufe des 17. Jahrhunderts wurde er zu einem wichtigen Faktor des Getreideanbaues in den Mittelmeerländern und in Südosteuropa.
Mais kam nach Deutschland aus der Lombardei über Kärnten, Tirol und die Schweiz, dann den Rhein entlang nach Baden und Württemberg, wo er heute noch „Welschkorn" genannt wird.

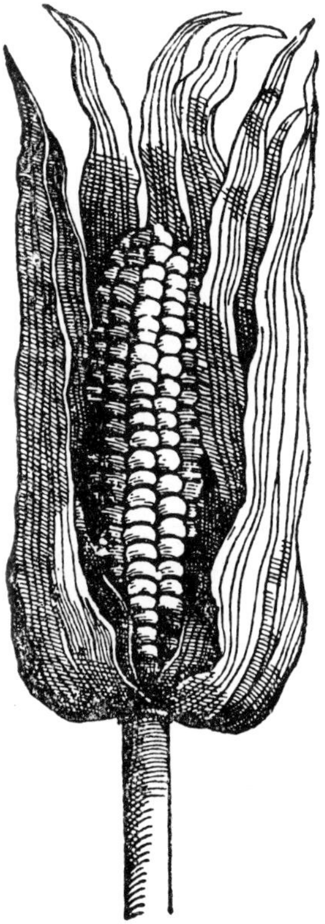

1535 erschien diese erste Abbildung eines Maiskolbens in Europa.

Mais unterscheidet sich von anderen Getreidearten durch seine Blütenstände: er besitzt weibliche und männliche. Der männliche — auch Rispe genannt — sitzt an den Haupt- und Nebenstengeln, während sich der weibliche — der Kolben — seitlich in einigen Blattachseln des Haupt- bzw. Nebenstegels befindet. Der Mais ist also eine getrenntgeschlechtliche, aber einhäusige Pflanze.

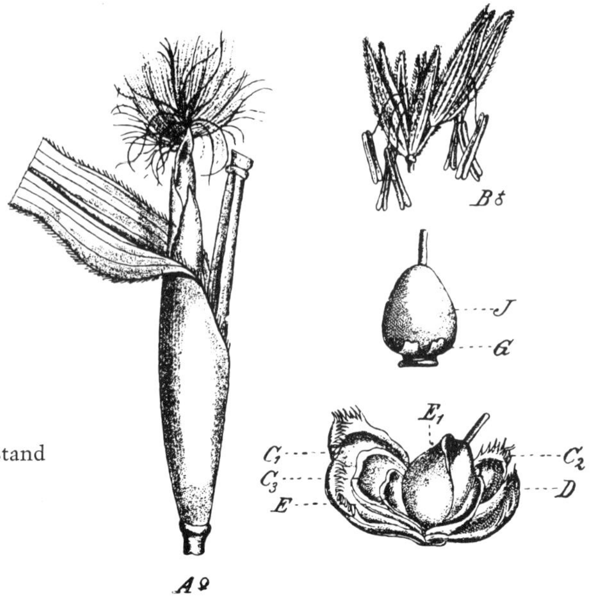

Maisblüte

A weiblicher Blütenstand (Kolben)
B männliche Blüte
C Hüllspelzen
D Deckspelze
E Vorspelze
J Stempel (der Griffel ist weit nach oben verlängert zu denken)
G Blütenschüppchen

Der Kolben hat meist eine Länge von 15-25 cm. Er ist von den Hüllblättern oder Lieschen fest umschlossen, die an den Knoten des Kolbenstiels sitzen und den Kolben in mehreren Schichten umhüllen.

Die Lieschen bestehen entweder nur aus Blattscheiden oder sie besitzen mehr oder weniger entwickelte Blattspreiten. Die äußeren Lieschen können je nach Sorte ziemlich grob sein, die innersten aber sind meist ganz dünn.

Diese Hüllblätter sind unser Arbeitsmaterial.

Man sucht sich Maiskolben heraus, deren Umhüllung möglichst fleckenlos ist. Fleckige Blätter nicht wegwerfen – sie werden als Füllung verwendet.

Mit Wasserstoffsuperoxyd werden die guten Blätter gebleicht, anschließend etwas gewässert und gepreßt. Achten Sie bitte darauf, daß trockene Blätter spröde sind und leicht brechen, deshalb sollten sie während des Bearbeitens durch Einschlagen in feuchte Tücher immer geschmeidig gehalten werden. Aus der „Seide", die an der Spitze des Kolbens aus den Hüllblättern hervortritt, kann man einen stilgerechten Kopfschmuck für unsere Figuren machen.

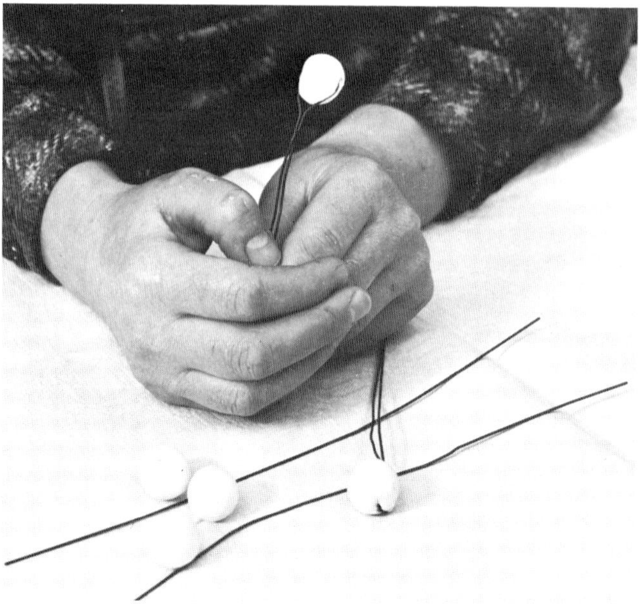

Für den Kopf der Figur verwendet man am besten eine weiße Papier- oder Styroporkugel, etwa 2 cm Durchmesser, die, oft bereits mit einem Loch versehen, im Handel erhältlich ist.
Ein nicht zu dünner, etwa 30 cm langer Aluminiumdraht wird nun bis zur Hälfte durch die Öffnung geschoben und um die Kugel, die sich jetzt in der Mitte zwischen den beiden Drahtenden befindet, umgebogen und verdreht. Es ist vorteilhaft, diesen Arbeitsgang für mehrere geplante Figuren im voraus auszuführen.
Da die Gesamtlänge der Figuren in der Regel nur 15 cm beträgt, wird der eventuell zu lange Draht mit einer Zange gekürzt.

Unser Bild zeigt den eingeführten und umgebogenen Draht. Beide Drahtenden sind jedoch noch nicht miteinander verdreht.

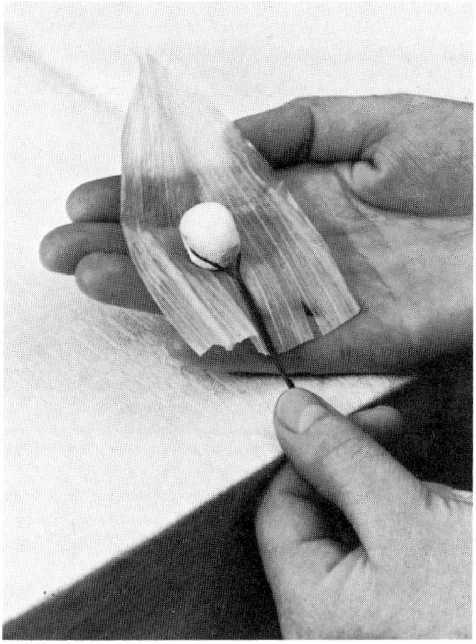

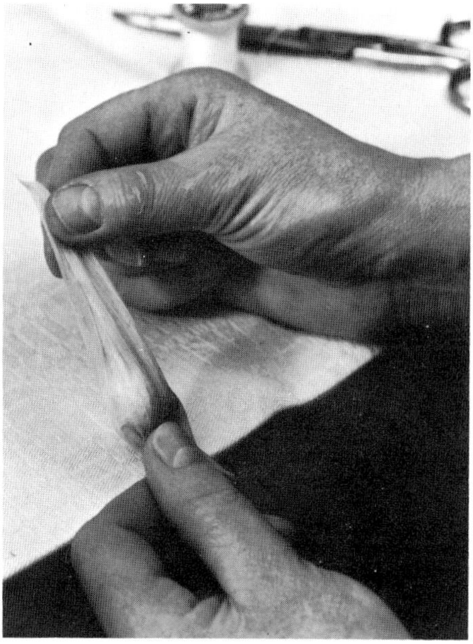

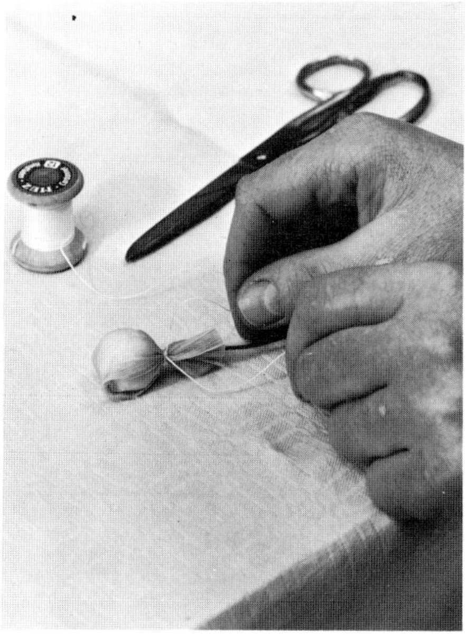

Nun wird der „Kopf“ auf ein zurechtgeschnittenes glattes Maisblatt gelegt. Die Blattspitze zeigt nach oben. Die Kugel liegt in der Mitte; sie wird so eingehüllt, daß das „Gesicht“ völlig faltenfrei ist. Dies geht am besten mit einem dünnen Blatt aus der inneren Schicht der Hüllblätter.

Die freien Enden werden unten zusammengezogen. Knapp unterhalb der Kugel wird abgebunden, damit die Kopfform schön rund herauskommt. Dazu nimmt man einen kräftigen Faden. Wenn ein Hals sichtbar bleiben soll, verwendet man besser Bast.

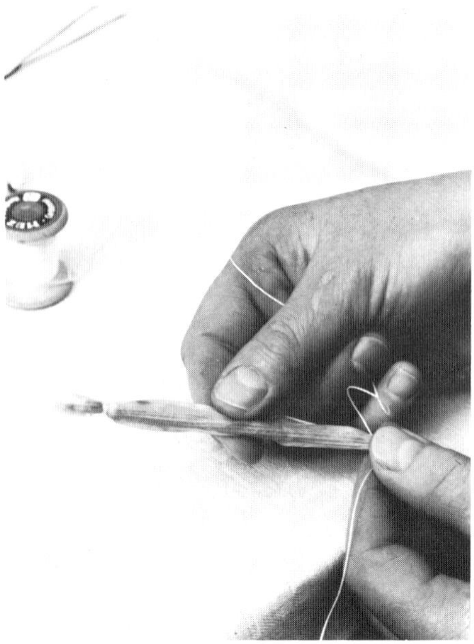

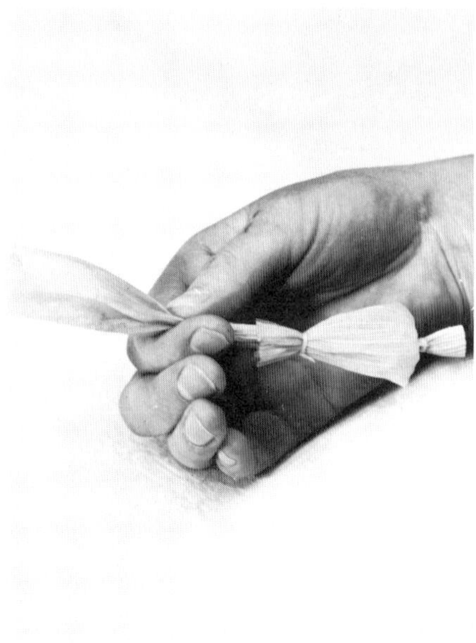

Nun werden die Arme vorbereitet. Dazu brauchen wir einen ca. 10 cm langen Draht, der in ein vorher auf 6 x 12 cm zugeschnittenes Maisblatt eingerollt wird. Nach dem Abbinden auf beiden Seiten schneiden wir das Überstehende am Drahtende ab.

Für jeden Ärmel brauchen wir ein 6 x 6 cm großes Maisblatt. Es wird jeweils 2 cm von der Außenkante so abgebunden, daß es über die Bindestelle nach der Armmitte zu umgestülpt werden kann. Das Abgebundene wird dadurch unsichtbar und die hübsche Form gleicht einem Puffärmel.

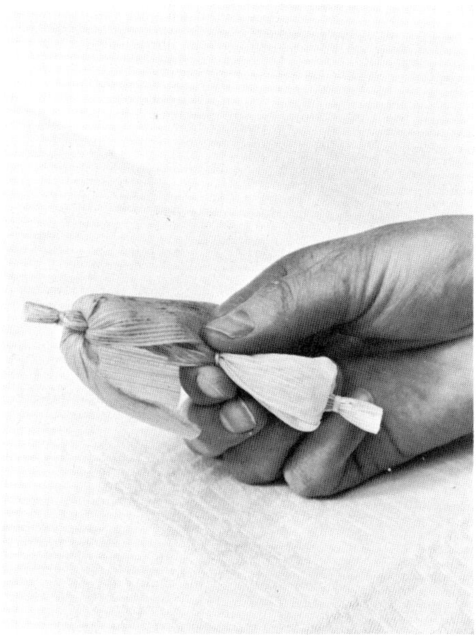 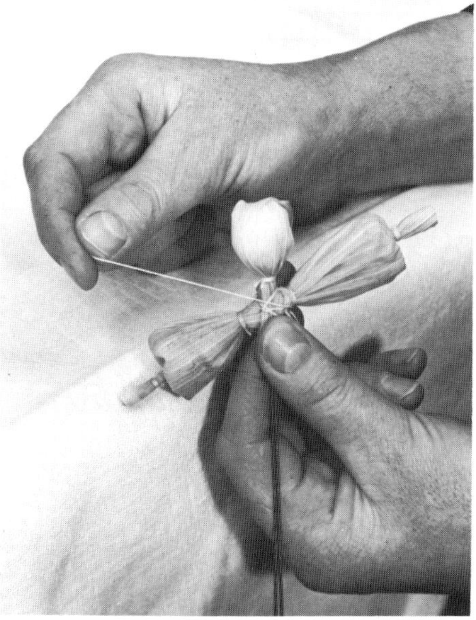

Die umgestülpten Ärmel werden innen abgebunden. Die ausgestreckten Arme befestigen wir durch kreuzweises Umwickeln mit einem kräftigen Faden am Hauptteil. Unterhalb des Kopfes lassen wir für den Hals einen halben Zentimeter frei.

Damit ist das „Gerüst" fertig.

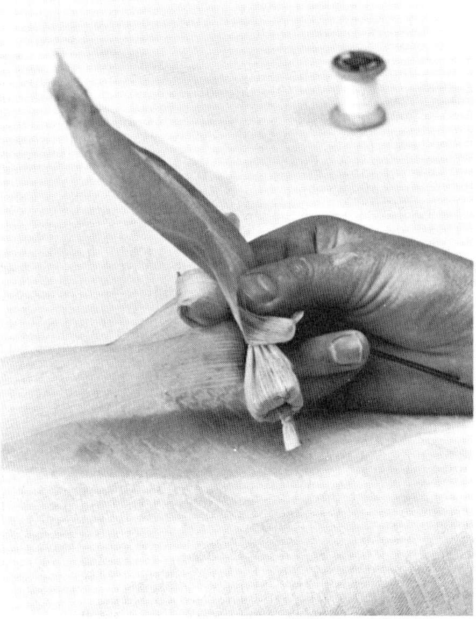

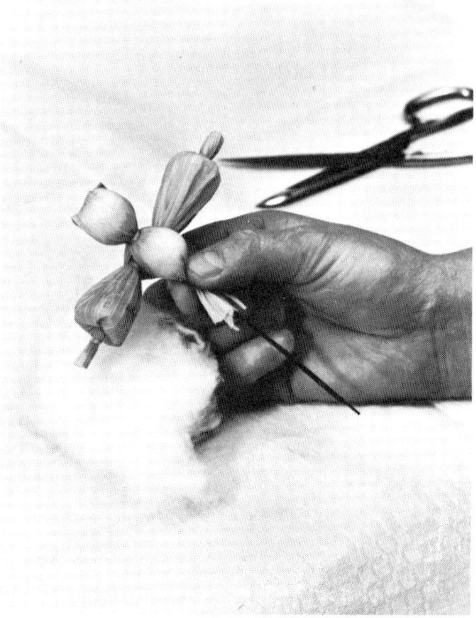

Für den Oberkörper brauchen wir 2 schöne, einwandfreie Blätter. Sie werden vorne und hinten an den Hals gelegt; dabei zeigen die Blattspitzen nach unten. Nun wird am Hals abgebunden.

Bevor die beiden Blätter nach unten gestülpt und an der Taille abgebunden werden, kann man Brustkorb und Rücken, je nach der gewünschten Statur, mit Watte ausfüllen.

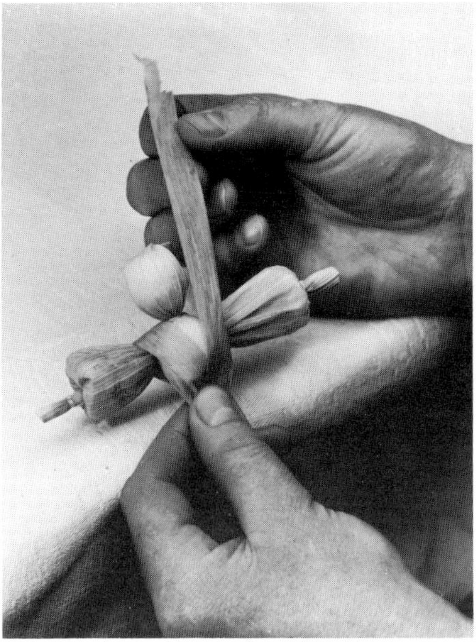

Um die Schultern und gleichzeitig eine Bluse anzudeuten, legen wir über den Oberkörper zwei Streifen. Wir schneiden sie aus einem kräftigen Maisblatt, etwa 1 cm breit und 12 cm lang. Sie werden wie Schürzenträger über die Achseln gelegt und in der Taille abgebunden.

Als nächstes fertigen wir den Unterrock. Da er nicht sichtbar ist, sondern nur der Figur eine gewisse Fülle geben soll, können wir dazu weniger schöne Blätter verwenden. Je nach dem geplanten Aussehen der Figur legen wir vorne und hinten einige Lagen Maisblätter so an der Hüfte an, daß sie in der Mitte abgebunden werden können. Die obere Hälfte klappen wir dann nach unten. Die Blätter sollten schon vorher auf die erwünschte Länge zurechtgeschnitten sein.

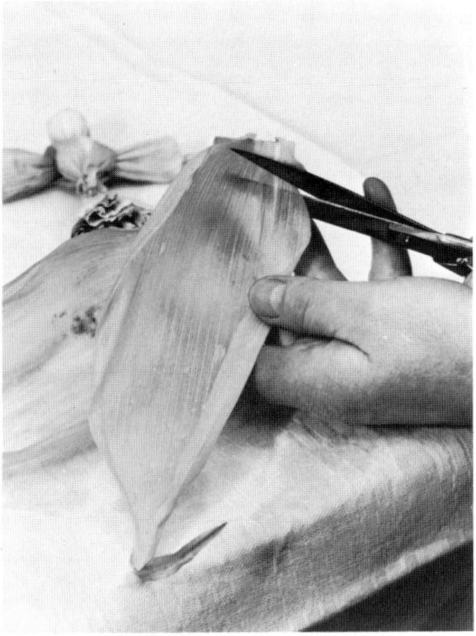

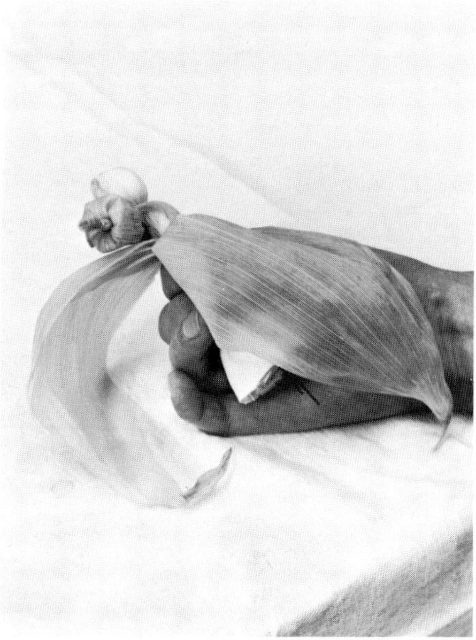

Nun kommt der „Rock". Hierfür wählen wir fleckenlose, weißgebleichte Maisblätter, die wir zuerst am unteren Rand glattschneiden.

Je ein Blatt wird vorne und hinten in Taillenhöhe über den Oberkörper gelegt. Die Blattspitzen zeigen nach oben. Abgebunden wird am Hauptteil in Taillenhöhe so, daß sich die Blätter leicht nach unten stülpen lassen.

Links: Die Blätter werden unten glattgeschnitten.

Rechts: Die abgebundenen Blätter wurden nach unten gestülpt.

Durch das seitliche Ankleben der schönen Deckblätter, die länger als die Füllung des Unterrocks sind, wird die Figur standfester.

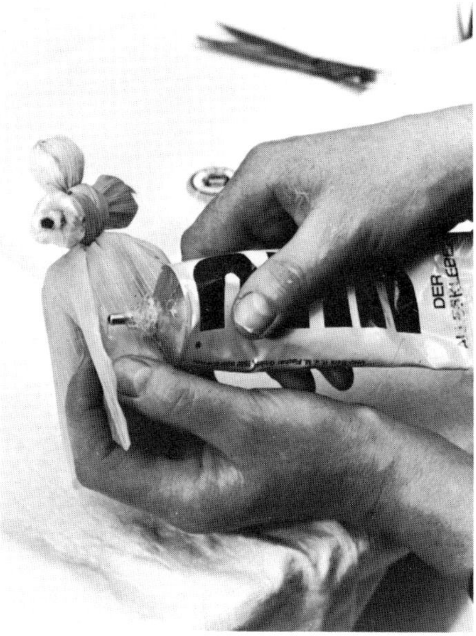

Hier sieht man auch, wie die Blätter für die Füllung der Beine der nebenstehenden Musikanten gerollt sind. Füllung und Deckblatt schließen unten miteinander ab.

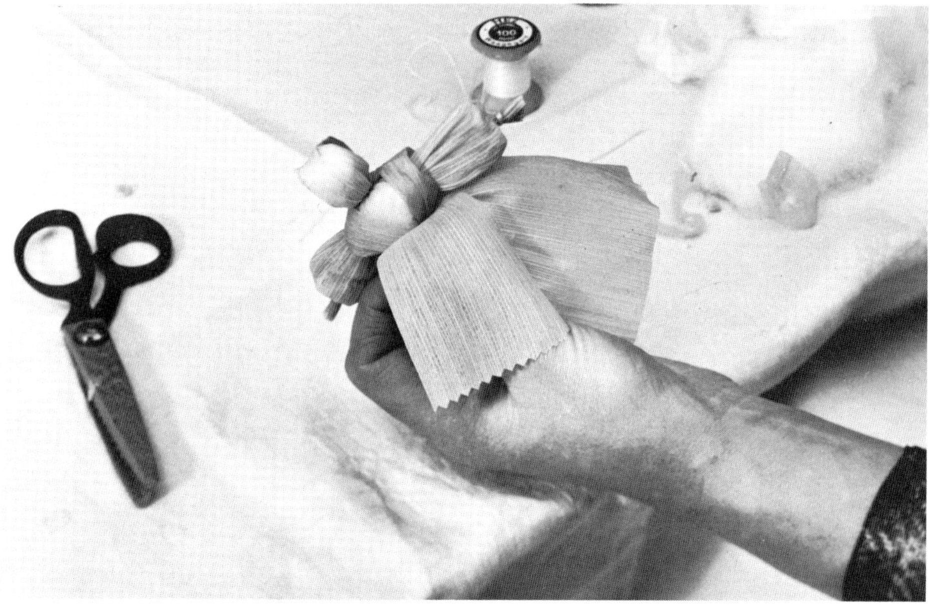

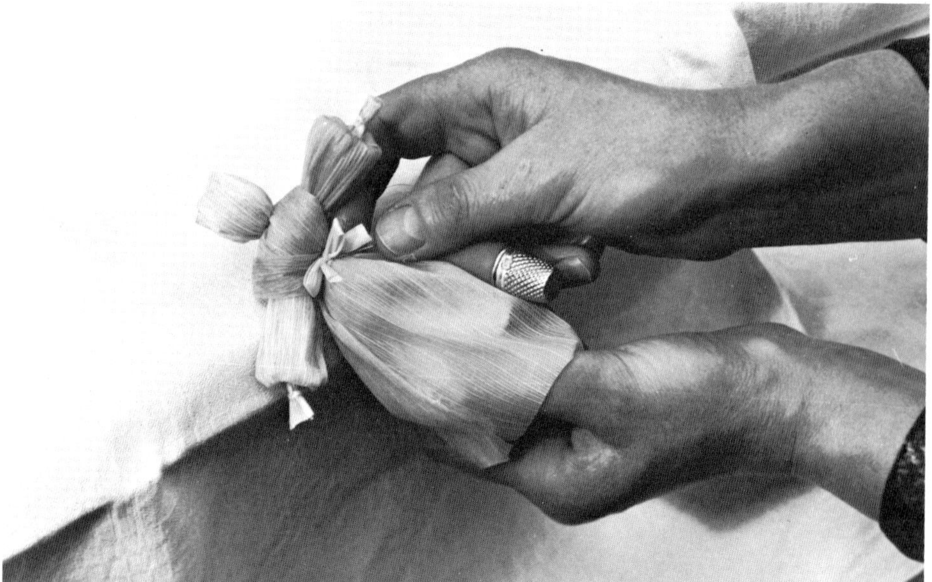

Über die bauschige Fülle des Rocks binden wir eine Schürze. Dazu brauchen wir ein makellos sauberes Blatt, auf das wir eine Borte kleben oder mit der Zackenschere verzieren. Blatt mit Spitze nach oben auflegen, festbinden und nach unten stülpen. Durch diese Art des Abbindens werden die Bindestellen verdeckt und die Form wird runder und fülliger.
Dazu machen wir eine kleine Schleife aus Bast, etwa 6-7 mm breit, die wir im Rücken an die Schürze kleben.

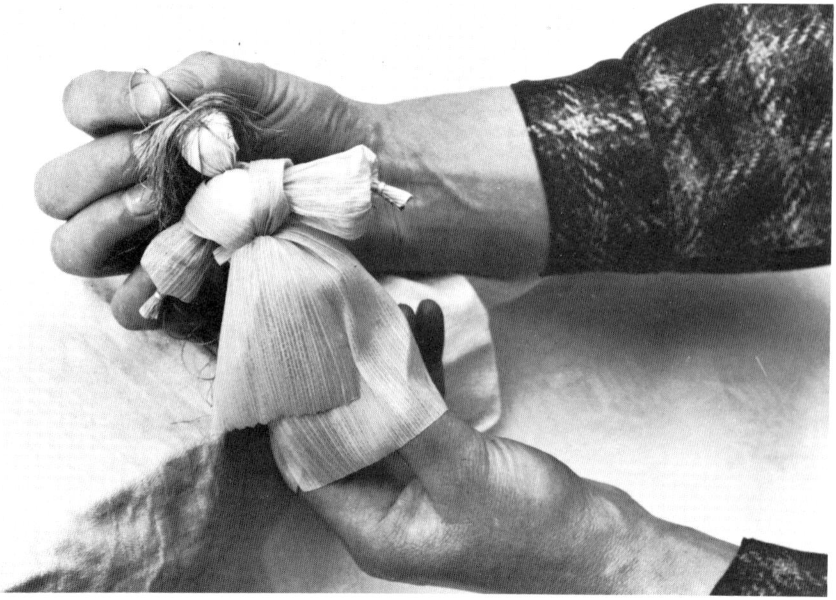

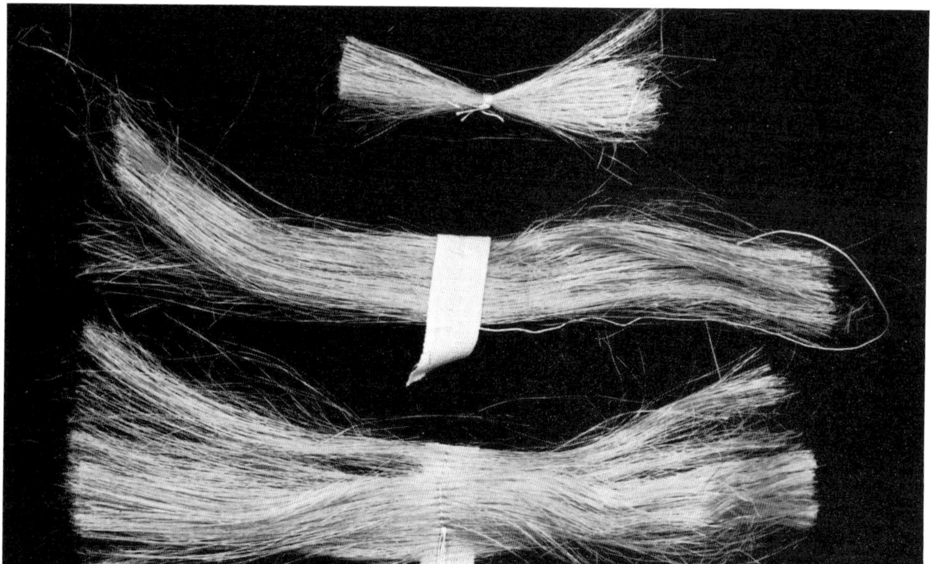

Hier sind einige Vorschläge für den Kopfschmuck. Man kann dafür verschiedene Materialien verwenden: Wollfäden, Pelzreste, Hanf usw. Die aus der Spitze des Maiskolbens aus den Lieschen herausragende „Seide" ist ein besonders stilgerechter Kopfschmuck.
Man kann kleben oder annähen.

Damit wäre die Grundform fertig.

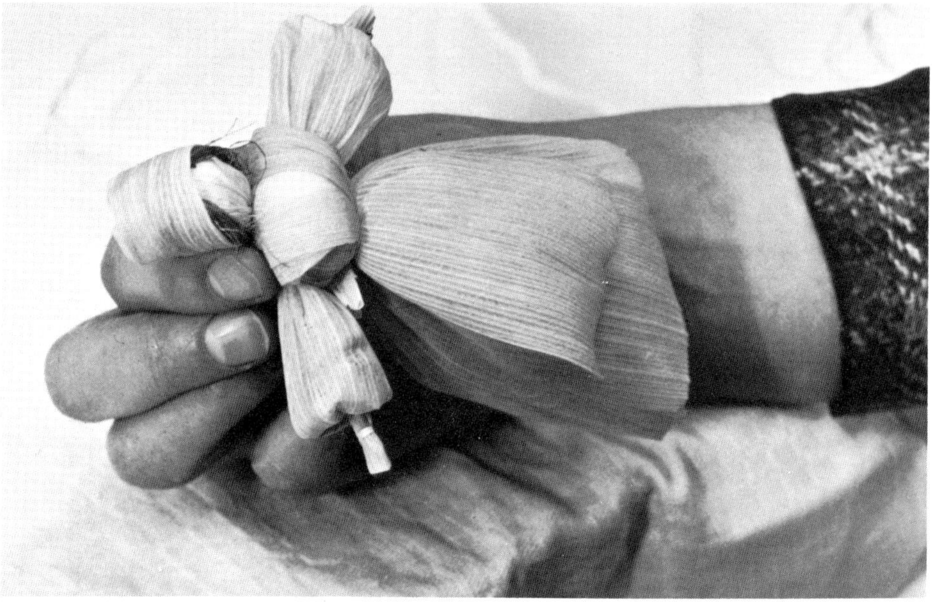

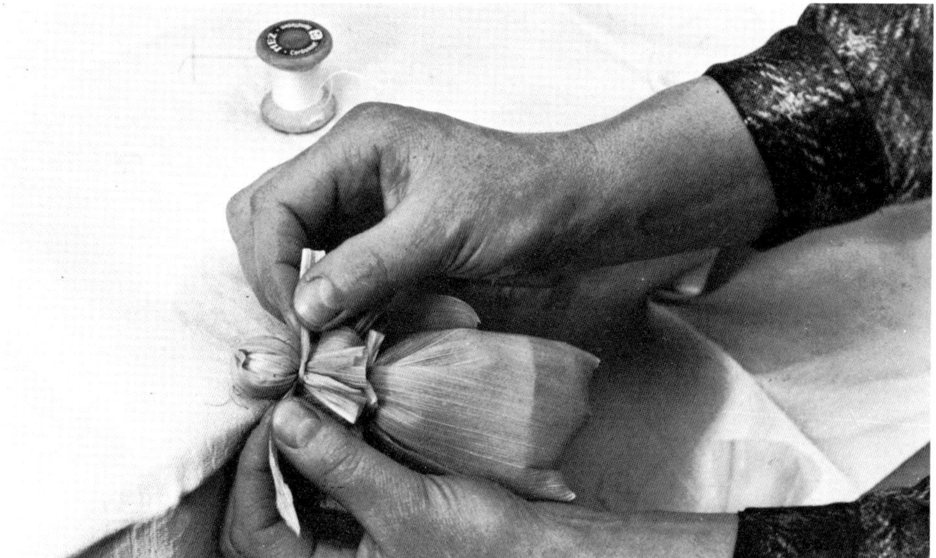

Hier wird auch gezeigt, wie ein Umschlagtuch und ein Tragetuch für ein Baby von hinten aussehen.

Verschiedene malerische Kopfbedeckungen sind möglich. Eine Haube sieht besonders hübsch aus. Wir schneiden dafür einen passenden Streifen, legen ihn über den Kopf und binden ihn mit Bast um den Hals im Nacken fest.

Man kann die Haube glatt lassen, mit einer Zackenschere verzieren oder eine kleine Borte aufkleben. Da der Kopf klein ist, sollte das Gesicht freibleiben.

Die erstaunliche Schmiegsamkeit und die freundlich-zartgelbe Färbung der den Maiskolben umschließenden Blätter fordern geradezu die Findigkeit geschickter Hände heraus. So ist es nicht verwunderlich, daß schon früh originelle Figuren aus dem bäuerlichen Milieu daraus entstanden. Diese Anleitung will zeigen, welcher Gestaltungsreichtum in diesem Material steckt und wie einfach es sich verarbeiten läßt.

Die hier gezeigten Motive entstammen alle dem bäuerlichen Milieu vergangener Zeiten; sie kennzeichnen den Tagesablauf der vielseitig beschäftigten Bäuerin: da wird Wasser getragen, am Spinnrad gesessen, Kinder gebadet, gesungen und musiziert. Diese einfachen, gut proportionierten Figuren wirken erstaunlich lebendig. Man kann dazu maßstabgerecht allerlei bäuerliche Utensilien anfertigen, wie Körbe, Kübel, Zuber, Besen usw.

Sobald die Anfertigung einer Grundfigur beherrscht wird, findet man großen Spaß am eigenen Gestalten. Diese zierlichen Kunstwerke werden als Tischdekoration viel bewundert; sie eignen sich auch vortrefflich als individuelles Geschenk.

Sicher lassen sich auch Motive aus unserem Alltag finden, die mit diesem Material gestaltet werden können.

Diese Bilder zeigen, wie reizvoll Kinderdarstellungen sein können, wenn das Größenverhältnis stimmt. Hier sind fast alle anders „gekleidet" und was besonders wichtig ist: sie sind alle in Bewegung.

Eine besonders ausdrucksvolle Figur, die durch ihre Schlichtheit wirkt: Die gemästete Weihnachtsgans wird verkauft. Der Korb ist kunstvoll aus Bast geflochten. Das Umlegetuch schützt die Bäuerin gegen Kälte.

Die Wasserträgerin ist im Original 12 cm hoch, also nur wenig größer als hier im Bild. Man sieht dieser Figur förmlich an, wie schwer das Wasser ist, das im nahen Teich geholt wurde.
Um den lebendigen und natürlichen Eindruck dieser Figur zu verstärken, wurde sie vor einem Kalenderblatt fotografiert.

Es wäre schön, wenn die Wasserträgerin zu eigenem Gestalten anregen würde.

Die Fröhlichkeit eines Maientanzes strahlt aus diesem Bild. Man ist immer wieder erstaunt über die Ausdrucksmöglichkeiten dieses Materials.